Dieses Buch gehört:

_____

geschenkt von:

_____

Die Deutsche Bibliothek — CIP-Einheitsaufnahme

Martin, Jo:
Bobo, der Biber und seine Freunde / Jo Martin. — 1. Aufl. —
Erlangen : Boje Verl., 1994
ISBN 3-414-81847-7
NE: HST

Erste Auflage 1994
Alle Rechte vorbehalten: © 1994 Boje Verlag, Erlangen
Text und Illustration: Jo Martin
Gesamtherstellung: Pestalozzi-Verlag, Erlangen

Printed in Germany

ISBN 3-414-81847-7

Bobo der Biber
und seine Freunde

Jo Martin

Boje Verlag Erlangen

Seit vielen Jahren schon lebt Bobo, der
Biber, sehr glücklich und zufrieden
am Ufer des oberen Flußlaufes vom
unteren Bibertal. Er hat auch allen
Grund, glücklich zu sein, denn er hat
viele Freunde, und alle mögen ihn
sehr. An manchen lauen Sommeraben-
den sitzen sie beisammen vor seiner
kleinen Burg, sehen dem Sonnenuntergang zu, erzählen sich Geschichten
und trinken den süßen Haselwein von
Piepke, der Waldmaus.
So geht es schon viele Sommer lang!

Eines Tages denkt Bobo: „Warum sollte ich nicht noch mehr Freunde haben? Warum sollten nicht alle Tiere meine Freunde sein — ja alle: die großen Waldtiere vom Hochwald, und auch die aus den Bergen. Aus allen Teilen der Welt müssen sie kommen, um mich zu besuchen."

Aber dazu müßte er eine größere Burg bauen, eine viel größere. Eine riesige Burg müßte er bauen, damit seine vielen Freunde bei ihm Platz haben, wenn er seine Feste feiert.

Gleich am nächsten Tag läuft Bobo in den Wald, um die größten und stärksten Bäume zu fällen. Er arbeitet wie verrückt; fällt Bäume, zieht sie zum Flußufer, baut und baut; fällt wieder neue Bäume, zieht sie zum Flußufer und baut und baut … Bis seine Burg über die Baumwipfel hinausragt und fast bis zum anderen Flußufer reicht. Für seine alten Freunde aber hat er jetzt keine Zeit mehr.

Bobo fängt nun mit dem Innenausbau
seiner Burg an, denn seine neuen
Freunde werden bestimmt sehr zahl-
reich kommen und viel Platz brau-
chen.

Nachdem Bobo mit allen Arbeiten
fertig ist, sinkt er erschöpft, aber glücklich, in einen tiefen Schlaf. Doch
dann hat er einen merkwürdigen
Traum:

Große Schiffe kommen über den Fluß. Bobo hat noch nie in seinem ganzen Leben so große Schiffe gesehen. An Bord sind riesige, seltsame Tiere, die alle in seine Burg wollen. Der ganze Bau schwankt unter ihrem Gewicht. Bobo will sie begrüßen, aber sie bemerken ihn gar nicht. Die Tiere steigen einfach über ihn hinweg. Sie hätten Bobo bestimmt zertrampelt, wenn nicht ein großer Rüssel ihn auf einen Balken im Dachgiebel gesetzt hätte.

Vor Angst zitternd wird er dort auch noch von einem komischen Wesen mit einem unendlich langen Hals angegafft.

Bobo ist himmelangst, denn ein anderes dickes Tier stößt, als es sich umdrehen will, so heftig an den Balken, auf dem er sitzt, daß er wieder nach unten fällt und zwischen den Zähnen eines offenen Riesenmaules landet.

Bobo möchte sich bemerkbar machen und sagen, wie froh er ist, daß sie alle zu seinem Fest auf die Burg gekommen sind. Aber niemand hört ihm zu, und sie lassen ihn einfach links liegen. Wer von den großen Tieren will schon den kleinen Bobo kennen?

Schweißgebadet wacht Bobo aus seinem fürchterlichen Traum auf. Mit einem Mal wird ihm klar, daß dieser Traum vielleicht die Wirklichkeit sein könnte …

„Wie konnte ich nur auf so eine verrückte Idee kommen", denkt er. „Diese Tiere sind ja viel zu groß für mich, sie haben mich ja nicht einmal bemerkt! Wozu brauche ich eigentlich so viele neue Freunde?
Piepke, die Waldmaus, Schnurr, der Eichkater, Grill, die Heuschrecke, und Quack, der Frosch, und all die anderen, das sind meine Freunde! Ich habe doch Freunde genug. Wie konnte ich sie nur vergessen?"

Bobo läuft vor seine Burg, um nach ihnen Ausschau zu halten. Aber da wartet bereits die nächste böse Überraschung.

Bobo ist auf einer Insel inmitten eines großen Sees. Wie konnte er nur bei seiner Träumerei etwas so Wichtiges vergessen?

Jeder Biber lernt es schon als Kind! Bobo hat mit seinem riesigen Bau den ganzen Fluß gestaut. Das Wasser ist nun über die Ufer getreten, und seine Burg ist jetzt eine Insel.

„Wie sollen meine Freunde nun zu mir kommen können? Was ist mit den gemütlichen Abenden und mit den Geschichten, die wir uns erzählten, wenn wir der untergehenden Sonne zusahen?" Jetzt ist Bobo aber sehr traurig.

Zum ersten Mal verspürt er eine große Einsamkeit. Was nützt ihm schon eine riesige Burg, wenn er allein darin leben soll?

Als er so dasitzt und über alles nach-
denkt, kommt Kruhs, der alte
Fischreiher, auf ein kleines Schwätz-
chen vorbei. Sie sprechen über alte
Zeiten, über ihre gemeinsamen Freunde, und wie gut es doch ist, daß es sie
gibt.

Noch am gleichen Abend entschließt
sich Bobo, über den Fluß zu rudern,
um seine alten Freunde wiederzuse-
hen. Sie warten schon auf ihn, und es
ist alles wieder wie früher.

Sie sitzen beisammen, sehen dem Sonnenuntergang zu, haben sich viel zu erzählen und trinken den süßen Haselwein von Piepke, der Waldmaus. Und Bobo denkt: „Wie schön ist es doch, ein paar Freunde zu haben. Lieber ein paar gute Freunde als so viele, daß man von ihnen nicht einmal bemerkt wird."

Seine Burg überläßt Bobo Kruhs, dem
alten Fischreiher, der sie zu einem be-
liebten Treffpunkt für alle Vogelarten
auf ihrer Reise in den Süden macht.

Manchen Vögeln gefällt es so gut,
daß sie sogar den ganzen Winter dort
verbringen.

Bobo ist von nun an sehr beliebt. Die
Vögel singen ein Lied auf ihn und
danken ihm für die schöne Burg.
Aber über seinen Traum spricht er
nie!